Fútbol americano

Julie Murray

Abdo

DEPORTES: GUÍA PRÁCTICA

Kids

abdopublishing.com

Published by Abdo Kids, a division of ABDO, PO Box 398166, Minneapolis, Minnesota 55439.
Copyright © 2019 by Abdo Consulting Group, Inc. International copyrights reserved in all countries.
No part of this book may be reproduced in any form without written permission from the publisher.

Printed in the United States of America, North Mankato, Minnesota.

052018

092018

Spanish Translators: Telma Frumholtz, Maria Puchol

Photo Credits: Glow Images, iStock, Shutterstock, ©The U.S. Navy p.11,
©User: Patrick p.22 / CC-BY-SA 2.0, ©Michael Barera p.22 / CC-BY-SA-4.0

Production Contributors: Teddy Borth, Jennie Forsberg, Grace Hansen

Design Contributors: Christina Doffing, Candice Keimig, Dorothy Toth

Library of Congress Control Number: 2018931617

Publisher's Cataloging-in-Publication Data

Names: Murray, Julie, author.

Title: Fútbol americano / by Julie Murray.

Other title: Football. Spanish

Description: Minneapolis, Minnesota : Abdo Kids, 2019. | Series: Deportes: guía práctica |
    Includes online resources and index.

Identifiers: ISBN 9781532180248 (lib.bdg.) | ISBN 9781532181108 (ebook)

Subjects: LCSH: Football--Juvenile literature. | Football--Terminology--Juvenile literature. |
    Football for children--Juvenile literature. | Spanish language materials--Juvenile literature.

Classification: DDC 796.332--dc23

Contenido

Fútbol americano

¡A Joe le encanta el fútbol americano! Está listo para jugar.

casco

protecciones

camiseta

pelota
de fútbol
americano

5

El fútbol americano se juega en un campo. Cada equipo tiene 11 jugadores.

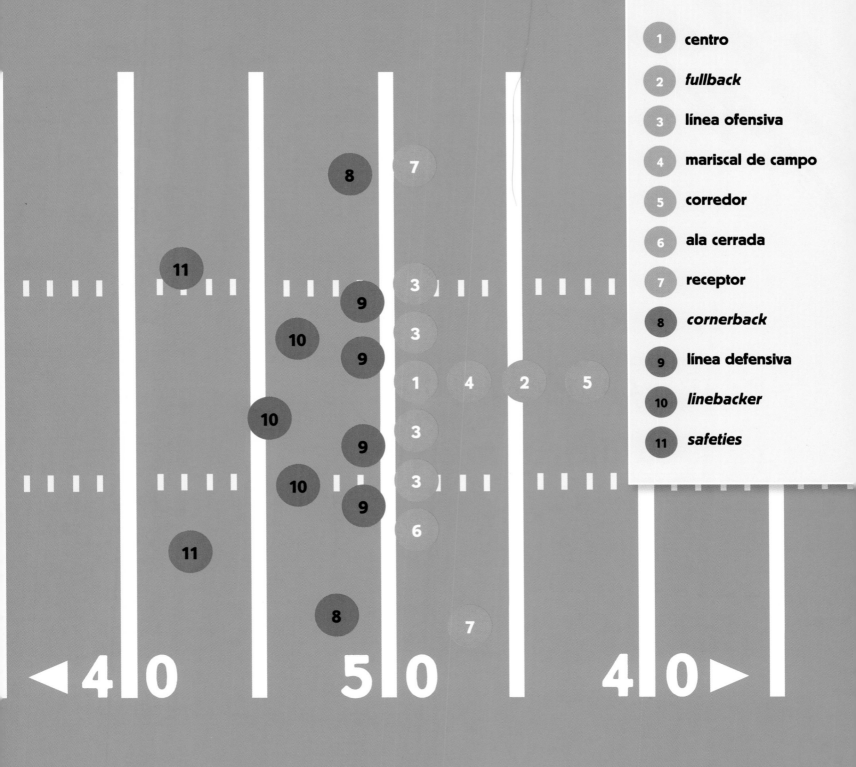

Un partido de la **NFL** tiene 4 cuartos. Cada cuarto dura 15 minutos.

La meta es llegar a la **zona de anotación**. Cuando un equipo tiene la pelota quiere avanzar por lo menos 10 yardas. Tiene 4 oportunidades para hacerlo.

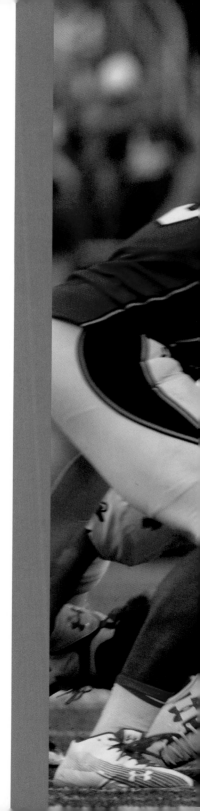

Si avanza 10 yardas, recibe otra oportunidad. Si no lo consigue es el turno del otro equipo.

El **mariscal de campo** decide la jugada. Lanza la pelota. Lou la atrapa. ¡Primera jugada completa!

La **defensa** intenta parar la pelota. Amir hace un placaje.

Joe corre con la pelota.

¡*Touchdown*! Gana seis puntos.

Tim patea el punto extra.

¡Ganan el partido!

Formas de conseguir puntos

touchdown: 6 puntos

1 ó 2 puntos extras después de un *touchdown*

gol de campo: 3 puntos

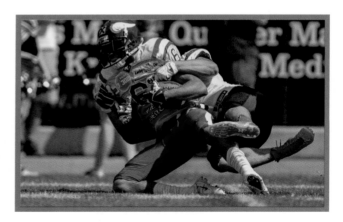
safety: 2 puntos

Glosario

defensa
jugadores de un equipo que intentan bloquear el ataque del equipo contrario para marcar puntos.

mariscal de campo
jugador que dirige la jugada.

NFL
siglas para la liga profesional de fútbol americano, formada por 32 equipos.

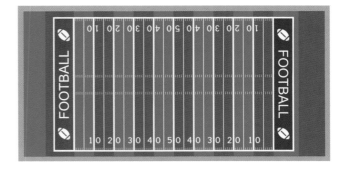

zona de anotación
área a cada lado del campo donde se tiene que llevar la pelota para anotar puntos.

Índice

Abdo Kids
ONLINE
FREE! ONLINE MULTIMEDIA RESOURCES

¡Visita nuestra página **abdokids.com**
y usa este código para tener acceso
a juegos, manualidades, videos y
mucho más!

Código Abdo Kids:
SFK4138